LA

Nouvelle Loi sur les Sociétés

PAR

M. A.-E. ROBERT

AVOCAT

(EXTRAIT DE LA **Revue de la Réforme Judiciaire**)

PARIS

CHEVALIER-MARESCQ, Éditeur

20, RUE SOUFFLOT

1886

LA

Nouvelle Loi sur les Sociétés

PAR

M.  A.-E. ROBERT

AVOCAT

(EXTRAIT DE LA **Revue de la Réforme Judiciaire**)

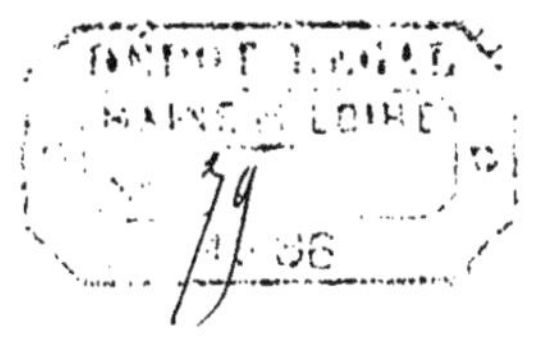

PARIS

CHEVALIER-MARESCQ, Éditeur

20, RUE SOUFFLOT

1886

LA

NOUVELLE LOI SUR LES SOCIÉTÉS [1]

I

Le Sénat a voté un nouveau projet de loi sur les Sociétés : le texte, qui ne comprend pas moins de cent onze articles répartis en neuf titres, est présentement soumis à la Chambre des Députés, qui a chargé une Commission de l'examiner et de lui présenter un Rapport.

L'intention du Gouvernement, qui a pris l'initiative de la proposition, est certainement excellente ; nous doutons, néanmoins, que le législateur de 1884 soit plus heureux que ses devanciers et qu'il atteigne le but poursuivi.

Ce qu'on veut, dit-on, c'est amender et modifier sur certains points, augmenter et compléter sur d'autres, la loi du 24 juillet 1867.

Cette dernière était cependant elle-même, on le prétendait du moins, un amendement à la législation précédente qui, outre les dispositions du Titre IX, Livre III du Code civil et celles insérées au Code de commerce de 1807, comprenait une première loi votée en 1836, une deuxième promulguée en 1856, et enfin une troisième du 23 mai 1863, importée d'Angleterre.

---

(1) Cette nouvelle loi a été votée par le Sénat, en 1884, sur un Rapport présenté par M. Bozérian, au nom d'une Commission ainsi composée : MM. J. Bozérian, président ; Naquet, secrétaire ; Eymard-Duvernay, Clamageran, Ronjat, Merlin, de Parieu, Malens et Gouin.

Or, de l'aveu même du Gouvernement, la Loi de 1867 n'avait pas deux années d'existence que déjà on en réclamait la revision.

L'accumulation des textes, le remaniement incessant des lois u'amènent donc pas nécessairement, et même ordinairement, les résultats attendus.

Sans doute le projet que nous nous proposons d'examiner a été élaboré avec un soin minutieux. Préparé d'abord par deux Commissions extraparlementaires, réunies, la première en 1875, l'autre en 1882, il a été longuement discuté par la Commission du Sénat et par le Sénat lui-même.

Mais la loi de 1867 aussi avait, comme le reconnaît M. Bozérian, donné lieu à des études approfondies, qui ne durèrent pas moins de trois années ; elle fut l'objet de volumineux rapports et d'importants débats. « Malheureusement l'expérience n'a pas tardé à démontrer les vices et les défectuosités de cet instrument de rénovation. »

Qu'est-ce à dire, sinon que l'importance des rapports, la longueur des débats parlementaires, l'étendue des textes ne font pas toujours la qualité des lois ? — Nous pensons même que le premier reproche, et l'un des plus graves à adresser au texte sorti des délibérations du Sénat, c'est précisément la longueur, en dépit de laquelle l'expérience prouvera bientôt que « les lacunes de la loi de 1867 ne sont pas comblées ; que les omissions n'ont pas disparu ; qu'il n'a pas été suppléé à ses insuffisances, et que ses obscurités ne sont pas toutes éclaircies. »

II

A notre avis, l'expérience est aujourd'hui complète : les réglementations spéciales, auxquelles ont donné lieu les Sociétés, ont toutes été inefficaces, depuis la loi de 1838 jusqu'à celle de 1867.

En 1838, il n'était question de rien moins que de supprimer la commandite ; on s'est contenté de la suppression des actions au porteur, rétablies pourtant en 1856. Pendant ce temps les Sociétés anonymes étaient soumises à l'autorisation préalable du Gouvernement qui, de plus, dans certains cas, s'était réservé le droit de nommer leurs directeurs et gouverneurs.

Précaution inutile, dangereuse même, qui n'empêche pas nombre de ces sociétés ainsi solennellement constituées, de péricliter et d'aboutir à la ruine !

En 1867, c'est le régime de l'anonymat libre qui est enfin proclamé. On veut « faciliter le développement du principe d'association, le mettre à la portée des humbles aussi bien que des puissants de ce monde. Pour cela on s'est appliqué à le dégager d'entraves inutiles, en accordant à la liberté des conventions tout ce que n'exigeraient pas le respect de la morale, l'intérêt des tiers, celui des associés, c'est-à-dire l'intérêt même du Commerce et de l'Industrie, pour lesquels l'association ne serait qu'un leurre et un instrument de fraude s'il n'offrait pas de sérieuses garanties. »

Or, au lendemain du vote de la Loi, on s'apercevait que les garanties en question n'existaient pas, et qu'en réalité l'œuvre nouvelle ne répondait pas aux espérances qu'on avait conçues.

Après toutes les tentatives également infructueuses, n'eut-ce pas été le cas de laisser aux intéressés une entière liberté pour la réglementation de leurs intérêts, sous la condition pour eux de se conformer à quelques règles générales, simples et claires, sur la forme des Sociétés et la publicité à donner aux contrats ?

De bons esprits l'avaient pensé.

Il y a longtemps déjà que M. Mourlon écrivait :

« Voilà plusieurs siècles que vous attendez que l'homme sache marcher seul pour lui retirer ses lisières, et, de votre aveu, il est resté ce qu'il était au commencement du monde : impuissant à se conduire sans le secours d'autrui. S'il en est ainsi, c'est qu'apparemment le procédé que vous appliquez à l'instruire est mauvais. Dès lors, pourquoi s'y entêter ?

On apprend aux hommes à marcher seuls, d'abord en les soutenant bien, bientôt en retirant la main qui leur sert d'appui. Ne les avons-nous point assez longtemps soutenus et dirigés ? Retirons notre main, la nature fera le reste ! »

Cette opinion a été reprise dans les Commissions extra-parlementaires chargées de préparer la loi. Elle n'a pas prévalu. La liberté des conventions est un leurre : « Les actionnaires n'ont pas atteint l'âge de la majorité. » Bien plus, on déclare qu'ils sont et seront toujours mineurs, et qu'à ce titre ils ont droit à la tutelle du législateur et qu'ils ont besoin de la protection de la loi.

La loi, qu'on nous permette de le dire, n'a point à protéger spécialement les *actionnaires*. Tous les *contractants* ont droit à sa protection, et, de fait, tous rencontrent dans les dispositions de l'article 1382 du Code civil, un moyen légal d'obtenir réparation des dommages qu'ils ont pu éprouver par le fait d'autrui.

III

Le Titre IX, livre III, du Code civil a posé les principes généraux du Droit en matière de Société, avec cette observation (article 1873) qu'il y avait des dispositions spéciales pour les Sociétés de commerce.

Ces règles forment le Titre III du Code de 1807, et elles déterminent pour les trois espèces de Sociétés dès lors consacrées, Sociétés en nom collectif, Sociétés en commandite et Sociétés anonymes, le principe de la liberté des conventions.

Il serait difficile de trouver un texte plus net, plus précis, que celui du Titre III, livre Ier, du Code de commerce.

A notre avis, il n'a pas encore été trouvé de meilleure formule, et la réglementation excessive à laquelle on s'est livré, presque sans interruption depuis quarante années, n'a ni fermé la porte à la fraude, ni mis en échec les combinaisons plus ou moins ingénieuses des spéculateurs. — Jamais on a autant plaidé sur la constitution des Sociétés que depuis les lois de 1863 et de 1867 ; jamais la jurisprudence, sur ces questions, n'a subi plus de variations, et aujourd'hui, les contradictions sont telles entre les arrêts, qu'il est difficile aux plus avisés de savoir ce qu'il faut ou non pour être en règle avec la loi.

Peut-être le mieux eût-il été, dans cette situation, d'en revenir purement et simplement au Code, en apportant à ses prescriptions les quelques modifications que nos mœurs et la transformation des affaires ont rendu nécessaires. — Ces changements n'auraient guère eu d'ailleurs à porter que sur la suppression de l'autorisation du Gouvernement pour les Sociétés anonymes et sur le mode de publicité à donner aux actes de Sociétés et aux délibérations des Assemblées.

Au surplus, — qu'on veuille bien le remarquer, — le Code de 1807 est encore la seule loi qui régisse les Sociétés en nom collectif, les commandites simples, les participations.

La loi nouvelle les laisse de côté, sauf quant à la publicité, pour s'occuper exclusivement des Sociétés par actions, *anonymes* ou en *commandite*. Aussi le projet est-il dénommé : « Projet de loi sur les Sociétés par actions. »

Au sein de la Commission du Sénat, — M. le Rapporteur nous a fait confidence, — une grave discussion s'est élevée sur la question de savoir ce qu'il faut entendre par une *Société dite par actions*.

Le Code de 1807 ne l'avait pas définie : il s'était borné à dire :

Article 34. — Le capital de la Société anonyme se divise par actions, et même en coupons d'actions d'une valeur égale.

Art. 38. — Le capital des Sociétés en commandite pourra être aussi divisé en actions sans aucune autre dérogation aux règles établies pour ce genre de Société.

Le législateur de 1867 n'a pas été plus explicite, et les controverses qui s'étaient antérieurement produites ont continué à subsister. Tous les jurisconsultes ont dit leur mot sans parvenir à s'entendre. Dans la pratique, il est vrai, la question n'a été que rarement posée. Cependant, à trois reprises, la Cour de cassation a dû se prononcer, une première fois, le 8 juillet 1868, puis le 27 mars 1878, et 13 mars 1882.

Il serait malaisé d'extraire de ces décisions la définition qui manque dans les lois, à l'occasion desquelles les procès s'étaient engagés.

Sans doute, il eut été souhaitable que la question fût résolue par la loi nouvelle. Nos honorables Sénateurs n'ont pas osé trancher le nœud. La majorité de la commission qui a préparé le texte définitif a craint, dit-elle, « que les fondateurs de Sociétés, dont on connait l'habileté, n'arrivassent à imaginer des combinaisons qui ne rentreraient pas dans le terme précis de la définition proposée et, par suite, à éluder les prescriptions de la loi nouvelle. »

« Elle a préféré maintenir un état de choses, qui, s'il a « soulevé les critiques des théoriciens, n'a pas soulevé « celles des gens pratiques : sachant à quoi s'en tenir sur « le passé, elle n'a pas voulu s'aventurer pour l'avenir. »

Voilà donc un point sur lequel les lacunes de la loi de 1867 ne seront pas comblées, ni ses obscurités éclairées.

Ce ne sera pas le seul, ainsi que va malheureusement le prouver l'examen détaillé auquel nous allons procéder pour les divers titres de la loi.

TITRE PREMIER

Des Sociétés anonymes

Le titre premier du projet de loi sur les Sociétés, voté par le Sénat, est consacré aux Sociétés anonymes. A cette heure, elles sont régies par le titre II de la loi de 1867.

Les règles qu'il édicte sont relatives à la constitution de la Société, aux actions de capital, aux actions délivrées en échange d'apports et aux parts de fondateurs, à l'administration des Sociétés et à leur fonctionnement, aux poursuites qui peuvent être dirigées contre les administrateurs, à la dissolution de la Société, aux nullités dont elle peut être entachée et à leurs conséquences, enfin aux effets de la loi nouvelle sur les Sociétés actuellement en cours.

I

Constitution des Sociétés anonymes

La loi nouvelle, après celle de 1867, consacre ce principe que les Sociétés anonymes peuvent se constituer librement, sans demander et obtenir au préalable, comme autrefois, l'autorisation du Gouvernement.

De plus, point n'est besoin d'un acte authentique : un simple écrit sous signatures privées est suffisant pour constater la formation d'une Société.

Une seule restriction est apportée à la liberté qui appartient aux contractants. C'est (article 2) qu'ils seront au moins sept. L'exigence n'est pas nouvelle : on la trouve écrite dans les lois de 1867 et de 1863, et cette dernière n'était qu'une copie de la loi anglaise dn 7 août 1862.

Nous comprenons bien que toute Société implique la réunion de plusieurs personnes groupées dans un but commun. Mais pourquoi prescrire un nombre fixe au-dessous duquel il sera impossible d'adopter la forme anonyme ? On ne saurait en donner une raison plausible et la disposition de l'article 2 maintient l'arbitraire créé par les législations précédentes. Quoi qu'il en soit, la règle dont nous nous occupons est tellement absolue, que si, postérieurement à la constitution, le nombre des associés se trouve réduit au-dessous de sept, et si cette situation se prolonge pendant une année, tout associé pourra demander la dissolution de la Société.

Les Sociétés anonymes, étant surtout des sociétés de

capitaux, ne peuvent exister ni se former qu'autant que leur capital est créé et au moins partiellement réalisé. Aussi dès que les statuts sont dressés doit-on réunir les associés afin qu'ils vérifient : 1° si le capital est souscrit ; 2° s'il a été versé. Ces obligations existaient déjà ; cependant la loi de 1884 a ajouté aux législations précédentes. Sous l'empire de la loi de 1867, les vérifications se faisaient directement par les actionnaires et non par d'autres. Désormais (article 9) les associés restent maîtres d'opérer eux-mêmes le contrôle. Mais ils peuvent, — se déchargeant de ce soin, — s'adresser au président du tribunal de commerce du lieu où les fonds ont été déposés et lui demander la commission d'experts, qui procèderont aux investigations nécessaires. Il faut, toutefois, que cette mesure soit sollicitée par le quart des actionnaires présents, si l'on veut qu'elle soit ordonnée.

L'innovation du projet sera-t-elle efficace ? Nous en doutons : les fondateurs feront observer que l'expertise entraine des frais et, à supposer qu'on trouve un quart des actionnaires désireux do l'obtenir, ils hésiteront à grever la Société d'une charge dont on exagèrera, à dessein, l'importance. Cependant la mesure est bonne. Appliquée, elle serait le meilleur moyen de sauvegarder les intérêts des associés et des tiers, et nous croyons que la Chambre ferait sagement de transformer en une obligation ce qui n'est qu'une faculté d'un usage difficile. Aussi bien prescrire qu'un expert commis constatera si les conditions essentielles sont ou non remplies, ce n'est point entraver la liberté des contractants, mais bien assurer la loyauté du contrat. Qui pourrait s'en plaindre ? Bien entendu la sanction de la mesure dont il s'agit, resterait ce qu'elle est actuellement, l'omission de la vérification entrainerait la nullité de la Société.

A côté des capitaux mis en commun, certaines personnes peuvent faire à la Société des apports en nature. Souvent même ces apports sont la base de l'association projetée. Or, s'il est nécessaire de vérifier la sincérité des souscriptions et des versements de capitaux, il n'est pas moins indispensable d'apprécier, avant le commencement des opérations, la valeur des objets apportés. Mais à l'encontre de ce qui se passe pour le capital, l'appréciation des apports par l'assemblée générale est nécessairement précédée d'une étude confiée à des commissaires désignés dans une première réunion. On peut même, si tel est l'avis du quart des actionnaires présents, requérir une expertise, et c'est sur le vu d'un document écrit, imprimé, tenu cinq jours avant la réunion, à leur disposition, que les intéressés statueront.

Les mêmes mesures, moins l'expertise toutefois, étaient ordonnées par la loi de 1867. On eût bien fait d'y renoncer définitivement et de prescrire uniquement l'expertise. L'important n'est pas d'avoir plusieurs moyens de contrôle et d'investigation : un seul suffit s'il est efficace. Nous pensons donc que la Chambre des députés agirait sagement en modifiant, dans le sens que nous indiquons, les articles 10 et 11 du projet.

L'expertise semble la seule mesure rationnelle, non seulement quand il s'agit d'évaluer les apports, mais aussi et surtout quand il y a lieu d'apprécier la cause et l'étendue des avantages stipulés dans les statuts au profit de certaines personnes.

Il peut arriver, cependant, comme l'avait déjà prévu la loi de 1867, que les prescriptions des articles 10 et 11 soient inapplicables. C'est dans le cas où la Société à laquelle sont faits les apports est formée entre ceux seulement qui en sont propriétaires par indivis. A la vérité, sous le régime de la loi de 1867, le lendemain de la constitution d'une semblable Société, les fondateurs pourraient livrer leurs titres au public et les lui vendre moyennant un prix supérieur à la valeur réelle, qu'il avait été impossible de contrôler. Aujourd'hui, — grâce aux prohibitions de l'article 7 du projet, — article sur lequel nous reviendrons, le danger que nous signalons, s'il n'est pas complètement écarté, est du moins fort amoindri. La spéculation immédiate n'est plus possible. Les fondateurs d'une Société de la nature de celle qui nous occupe sont paralysés pendant deux années, et cet espace de temps, s'il ne suffit pas toujours, permettra, néanmoins, au public de connaître le plus souvent la valeur exacte de l'entreprise. Ce qui est excessif dans d'autres hypothèses, dont nous nous occuperons, est ici parfaitement justifié.

En résumé, et en ce qui concerne la constitution des Sociétés anonymes, le texte actuel innove fort peu : la plupart de ses dispositions sont empruntées à la loi de 1867, et les nouveaux moyens de contrôle qu'on a cherché à créer dans l'intérêt des associés et des tiers risquent fort d'être inefficaces parce qu'ils seront le plus souvent inappliqués, si ia Chambre maintient purement et simplement. le projet voté par le Sénat.

II

Des Actions représentant le Capital

La loi de 1867 n'admettait (article 1er) que deux types d'actions : Actions de cent francs lorsque le capital n'excède pas deux cent mille francs ; action de cinq cents francs lorsque le capital est supérieur à deux cent mille francs. La loi nouvelle en admet trois : Les actions pourront être de cinquante francs lorsque le capital sera de cent mille francs et au-dessous ; de cent francs, si le capital dépasse cent mille francs mais ne s'élève pas à plus de deux cent mille francs ; de cinq cents francs pour tout capital au delà. Mais, à l'avenir, et pour mettre fin aux facilités que la jurisprudence avait admise, le montant des actions, quel qu'en soit le taux, sera payable en espèces. De plus, dans la déclaration notariée, relative à la souscription des actions et aux versements effectués sur chacune d'elles, les fondateurs devront indiquer le lieu où les fonds recueillis se trouvent déposés. Et les dispositions que nous venons d'analyser sont tellement impératives, que toute infraction à l'une d'elles, entraîne la nullité de la Société et place ses auteurs sous le coup des sanctions pénales des articles 97 et 98 de la loi.

En même temps qu'il abaissait le taux des actions et en rendait ainsi l'acquisition plus facile, le Sénat a pensé qu'il convenait de prendre certaines mesures destinées à prévenir le public contre les entraînements dont il peut être l'objet. Dans ce but, et par l'article 4, il a prescrit toute une série de mentions qui doivent éclairer le souscripteur sur les conditions dans lesquelles la Société, dont il va devenir membre, s'est constituée ou va se constituer. C'est ainsi qu'on indiquera, sur le bulletin de souscription :

L'objet de la Société ;

Le montant du capital social ;

La partie du capital social, représentée par des apports en nature ;

La partie du capital à réaliser en espèces ;

Les avantages particuliers réservés aux fondateurs ;

La date de la publication du projet d'acte de Société dans le journal destiné à recevoir ces sortes de publications.

Tout cela n'a même pas paru suffisant, et on exige les mêmes énonciations dans les affiches, prospectus, insertions, circulaires, etc., en un mot, dans tous les documents recevant une publicité quelconque. Et, pour garantir la sincérité de ces publications, l'article 4 édicte que leur omission totale ou partielle entraînera à la fois une responsabilité civile et pénale.

La durée de l'action est sans doute assez brièvement limitée ; mais le temps accordé suffit pour connaître l'infraction et en rechercher les auteurs, et, d'autre part, l'article 4 permet d'atteindre à la fois et les auteurs de l'omission et ceux qui sciemment l'ont facilitée. La pénalité (art. 104) est des plus sérieuses, et, à cet égard, malgré la gravité des peines, le projet nous semble devoir être accepté sans modification.

Nous sommes également d'avis qu'il y a lieu de maintenir

les dispositions relatives à la négociation des actions. A cette heure, les actions ou coupons d'actions sont négociables après versement du quart. Ce versement sera maintenant insuffisant. On ne pourra plus négocier que des titres d'une Société définitivement constituée. Bien entendu, la cession civile reste possible, même avant la constitution, conformément aux règles tracées par les articles 689 et 1690 du Code civil.

Le Sénat a résolu, en outre, conformément aux propositions qui lui étaient faites, la question de la conversion des actions nominatives en actions au porteur.

La loi de 1867 admettait la transformation au porteur aussitôt la libération de moitié. Ce sera impossible et, comme sous la loi du 17 juillet 1856, les actions ne pourront plus être mises au porteur si, préalablement, le capital qu'elles représentent n'a été complètement versé, et si, d'autre part, les statuts n'autorisent cette modification. Par contre, il ne sera pas nécessaire, pour que la conversion puisse avoir lieu, que toutes les actions aient été libérées. Chaque titre sera transformé, si tel est le désir des intéressés, au fur et à mesure des libérations qui se produiront : il est même interdit de stipuler le contraire dans les statuts.

En décidant que les actions ne pourraient être mises au porteur qu'après leur libération intégrale, les promoteurs et auteurs de la loi nouvelle ont obéi à cette idée que les Sociétés anonymes étant des groupements de capitaux, il fallait, avant tout, assurer la réalisation de ceux-ci. On a eu raison, et nous estimons que le Sénat a justement décidé qu'à l'avenir les souscripteurs, titulaires, cessionnaires, seront responsables, et chacun pour le tout, du montant de l'action. Les garantis pourront recourir contre leurs garants et, afin de leur faciliter l'exercice de ce droit, l'exploit introductif d'instance devra (art. 6), à peine de nullité, énoncer les nom et domicile du souscripteur originaire et des cessionnaires, intermédiaires, ainsi que la date des transports.

Comme tempérament, l'article 6 décide que tout souscripteur ou cessionnaire, qui a cédé son titre, cesse d'être responsable des versements non effectués deux ans après la constitution définitive de la Société, quand la cession est antérieure, et deux ans après la cession, quand elle est postérieure.

III

ACTIONS D'APPORT ET PARTS DE FONDATEURS

La faculté d'apporter à la Société autre chose que du numéraire est admise, ainsi que nous l'avons vu, et les conditions auxquelles elle peut s'exercer n'ont d'autre but que de permettre de vérifier la valeur de l'objet mis en commun.

L'apporteur, comme celui qui verse des espèces, reçoit des actions représentant le prix de son apport tel qu'il a été évalué après examen. Mais, à l'avenir, il ne sera plus possible, comme on le pratiquait souvent jusqu'ici, de délivrer aux apporteurs des actions qui ne seraient pas entièrement libérées. Ainsi cesseront les controverses qui s'étaient élevées sous le régime de la loi de 1867 relativement à la remise d'actions sur lesquelles certains versements restaient à effectuer.

La loi nouvelle frappe les actions d'apport d'une indisponibilité temporaire qui n'existait pas dans les législations précédentes. Pendant deux ans (art. 7) de la constitution définitive de la Société, les actions d'apport ne pourront être détachées de la souche et négociées. Si la mesure est bonne et équitable quand il s'agit d'une Société uniquement composée d'apports et formée entre ceux là seuls qui en sont propriétaires par indivis, nous la trouvons excessive quand, à côté des apporteurs, se trouvent des associés qui versent des capitaux. Dans ce cas, en effet, les apports sont appréciés : ils peuvent être expertisés. Nous voudrions même qu'il en fût toujours ainsi et que ce qui n'est qu'une faculté devienne une obligation rigoureuse. Qu'y a-t-il donc à craindre ? Évidemment les experts que le président du tribunal désignera seront des hommes compétents. Et s'ils attestent que l'apport vaut le prix demandé, qu'exiger de plus ? Pourquoi celui qui se dessaisit au profit de la masse — laquelle va bénéficier sans délai de la chose apportée, — ne pourrait-il pas user immédiatement du titre qui lui est attribué en échange de son abandon ? Nous comprenons bien que l'intention du législateur est excellente mais il nous semble que le but est dépassé et qu'en voulant mettre fin aux abus qui se sont produits sous l'ancienne loi, on suscitera des combinaisons plus fâcheuses que celles qu'on a voulu proscrire.

A côté de ceux qui apportent des capitaux, des immeubles, des valeurs quelconques à la Société, il peut se trouver certaines personnes qui ont concouru à sa formation et lui ont, à cette occasion, rendu des services plus ou moins importants. L'usage s'était établi de les rémunérer par l'attribution de parts de fondateurs.

La loi actuelle proclame le droit qui appartient aux Sociétés de créer des parts de fondateurs : elle précise leur caractère et décide qu'elles ne représentent pas une portion du capital. Par suite elles ne produisent pas d'intérêt : elles donnent simplement droit de participer à la distribution des bénéfices, alors que les actions ont prélevé cinq pour cent au moins du capital versé sur chacune d'elles. Mais les parts de fondateurs sont cessibles et négociables et la transmission en peut être opérée dès la constitution définitive de la Société.

IV

ADMINISTRATION ET FONCTIONNEMENT DE LA SOCIÉTÉ

La Société ne peut être définitivement constituée qu'autant qu'il a été pourvu à son administration. Or, dans les sociétés anonymes chaque intéressé ne peut prendre part personnellement aux affaires. Elles sont régies par les délégués des associés qui prennent le nom d'administrateurs.

Les administrateurs sont maîtres d'agir collectivement ou de déléguer à leur tour la gérance à l'un d'eux : ils peuvent même, si les statuts le permettent, choisir un directeur étranger à la Société, à la condition d'en demeurer responsables. Mais, à titre de garantie, les administrateurs doivent être propriétaires d'un certain nombre d'actions qui sont inaliénables pendant toute la durée de leurs fonctions.

Sur ces différents points, la loi nouvelle n'est que la reproduction de celle de 1867.

Enfin, à côté des administrateurs se trouvent des commissaires, dont la nomination précède nécessairement aussi la constitution définitive de la Société. Ils ont une mission de contrôle que le projet du Sénat a sagement étendue. Désormais leur rôle ne sera plus seulement de surveiller les opérations sociales : ils devront (art. 16), aussitôt nommés, rechercher si toutes les prescriptions relatives à la constitution des sociétés ont été remplies. Que s'ils découvrent une omission, ils seront tenus, avant qu'aucune opération ait été commencée, de mettre les administrateurs en demeure de la réparer et de convoquer à bref délai les actionnaires à qui il sera rendu compte et demandé une nouvelle approbation.

Les commissaires, comme les administrateurs, sont responsables vis-à-vis des associés et il a été expressément stipulé (art. 36), que l'étendue et les effets de cette responsabilité seraient déterminés par les règles générales du mandat.

Mais, contrairement à ce qui se passait sous l'empire de la loi de 1867, les administrateurs ont défense de concourir à la nomination des commissaires. C'est logique de ne pas confier au contrôlé le soin de choisir le contrôleur.

Les administrateurs rendent compte de leur gestion aux actionnaires réunis en assemblée générale. C'est aussi devant l'assemblée générale que les commissaires s'expliquent sur la situation de la Société et les actes qu'ils ont mission de surveiller. Il importait donc d'assurer des convocations périodiques. C'est pourquoi l'on a prescrit que des assemblées générales se tiendraient au moins une fois par an. Elles statuent sur tous les intérêts sociaux et spécialement sur les résultats de l'exercice écoulé. Partant elles devraient réunir tous les actionnaires : du moins tous devraient pouvoir y prendre part. Cependant, et à tort selon nous, la loi admet qu'on pourra restreindre la convocation à ceux des associés qui possèderont un certain nombre d'actions. Cette restriction est loin d'être libérale et nous ne voyons aucun motif sérieux pour expliquer l'exclusion d'un intéressé, si petit que soit son intérêt.

Et la faculté dont nous parlons est tellement arbitraire, excessive, que le législateur a été contraint d'admettre qu'il y avait des réunions auxquelles tous les associés devaient être appelés. Il s'agit de celles où l'on apprécie les apports, où l'on nomme les premiers administrateurs, où l'on vérifie la sincérité des déclarations des fondateurs. Dans ces différentes circonstances, on va jusqu'à prescrire qu'un même actionnaire ne pourra avoir plus de dix voix, eût-il droit à un nombre supérieur d'après les statuts.

Au surplus, la loi nouvelle, quant aux conditions de validité des délibérations, reprend les règles antérieures en les complétant heureusement sur un point. L'article 23 qui précise les pouvoirs de l'assemblée générale en matière de modifications statutaires est, en effet, une innovation.

Les statuts sont la loi de tous : c'est sur leur vu qu'on a contracté, et, comme tous les contrats synallagmatiques, ils ne peuvent être modifiés que d'un commun accord. Tel est le principe. La première conséquence qui en découle, c'est que toute modification au pacte social est impossible sans l'unanimité des actionnaires, à moins que le droit de modifier les statuts n'ait été réservé. Ajoutons de suite que la réserve ne peut être générale, vague : « elle doit prévoir et préciser les changements possibles, si bien, qu'à défaut d'autorisation expresse, l'assemblée, — sauf le cas où elle réunirait l'unanimité des intéressés, — ne pourra augmenter ou diminuer le chiffre du capital, prolonger ou réduire la durée de la Société, changer la quotité de la perte qui rend la dissolution obligatoire ; décider la fusion avec une autre Société ; modifier le partage des bénéfices, etc. Enfin les statuts ne pourraient valablement prévoir la modification de l'objet essentiel de la Société.

Quant aux augmentations de capital, le législateur a pris soin (art. 32) de prévoir et de résoudre une difficulté qui pouvait naître. A la vérité il a consacré l'usage qui s'était établi d'émettre, quand les statuts autorisaient les augmentations, de nouvelles actions alors que les précédentes n'avaient pas encore été entièrement libérées. Par suite, aujourd'hui, sans controverse possible, il n'est pas nécessaire que le capital primitif soit totalement réalisé pour pouvoir être augmenté. Mais à chaque augmentation, on suivra les règles prescrites à l'occasion de la constitution des Sociétés.

Les réductions de capital étant également permises et souvent souhaitables, le Gouvernement et, après lui, le Sénat, se sont occupés d'un mode fréquemment employé pour atteindre ce but, c'est-à-dire du rachat par une Société de ses propres actions (art. 33 et 34).

La loi récemment votée tient l'opération pour licite, mais seulement dans les différentes hypothèses qu'elle a prévues. Or, le Gouvernement avait admis trois cas de rachat ; la commission, et après elle le Sénat, n'en ont admis que deux :

1° Lorsque le rachat doit se faire en vue d'un amortissement statutaire ;

2° Lorsque le rachat devant avoir lieu avec une portion du capital, toutes les conditions et formalités prescrites pour la réduction de ce capital ont été remplies. Il va de soi que les actions rachetées seront de suite annulées.

Les assemblées générales annuelles sont celles qui, ainsi que nous l'avons dit, entendent les administrateurs et les commissaires sur la situation générale de la Société, la marche de ses affaires, les résultats par elles amenés. C'est dans ces assemblées aussi que, sur les propositions de l'administration, on fixe le dividende à répartir. Or, les dividendes ne peuvent être que les bénéfices acquis, réalisés, si bien, qu'en leur absence, les actionnaires n'ont rien à toucher, pas même l'intérêt de leur capital.

Par exception, et pour la période de premier établissement, la loi (art. 20) autorise à stipuler que les intérêts seront payés aux actionnaires même lorsqu'il n'y aura pas de bénéfice, mais avec les restrictions suivantes :

1° Que le taux de l'intérêt ne dépassera pas cinq pour cent des sommes versées ;

2° Que ce paiement n'aura lieu que pendant la période de premier établissement ; que le terme de cette période sera fixé par les statuts et ne pourra jamais être dépassé ;

3° Que cette clause des statuts sera rendue publique.

Ce sont là des dispositions nouvelles, mais tout à fait justifiées. Le capital social est l'unique gage des tiers qui traitent avec la Société ; il est donc juste que les associés ne le reprennent pas même partiellement, ou que tout au moins ils déclarent au public de quelles charges ils entendent le grever à leur profit.

V

POURSUITES DIRIGÉES PAR LES ACTIONNAIRES CONTRE LES ADMINISTRATEURS OU LES COMMISSAIRES

Nul n'est tenu d'être administrateur; nul non plus ne peut être contraint de devenir commissaire d'une Société. Mais dès lors que ces fonctions sont acceptées, celui qui en est revêtu est obligé, vis-à-vis des actionnaires, de remplir le mandat dont il s'est volontairement chargé. Chaque actionnaire peut agir contre l'administrateur ou le commissaire qui a failli à ses devoirs.

L'article 37 consacre à nouveau ce droit et reproduit les dispositions qu'avait déjà édictées à cet égard l'article 17 de la loi du 24 juillet 1867. Les associés peuvent, d'après cet article, user à leur choix ou de l'action individuelle ou de l'action collective, c'est-à-dire qu'ils peuvent agir isolément ou bien au contraire se grouper, et, dans ce cas, plaider par *mandataires* tant en demandant qu'en défendant. Toutefois, dans cette dernière hypothèse, les intéressés doivent former au moins le vingtième du capital social. C'est ce qu'ordonne déjà la loi en vigueur. Il y a là une dérogation au droit commun qui mérite d'être justifiée par l'importance des intérêts en jeu. La dérogation a du reste l'avantage de simplifier la procédure qui devient par là plus expéditive et moins coûteuse, ce qu'il faut surtout rechercher.

VI

DISSOLUTION DE LA SOCIÉTÉ

La Société se dissout naturellement à l'expiration du terme fixé pour sa durée : c'est la dissolution de plein droit.

Elle doit être dissoute, bien que le terme ne soit pas encore arrivé lorsqu'il s'est écoulé un an depuis l'époque où le nombre des associés est réduit à moins de sept. La dissolution, alors, a besoin d'être prononcée et tout intéressé peut la requérir (art. 40).

Enfin (art. 38), en cas de perte des trois quarts du capital social, les administrateurs sont tenus de convoquer l'assemblée générale de *tous* les actionnaires à l'effet de statuer sur la question de savoir s'il y a lieu de prononcer la dissolution de la Société.

L'assemblée générale est souveraine; elle a une faculté dont elle peut user ou non suivant son gré, en pesant les profits ou les inconvénients de telle ou telle solution. Mais quelque soit sa résolution, il faut la notifier au public. Les tiers qui traiteront avec la Société — si elle suit son cours, doivent être prévenus que le gage est notablement réduit et que les garanties premières sont en grande partie détruites. Que si l'assemblée n'est pas convoquée, ou que si après avoir été convoquée, elle ne peut se constituer régulièrement, tout intéressé, un tiers par exemple, sera maître de demander la dissolution. Il convient d'observer que c'est dans ces deux cas seulement que l'action en dissolution sera recevable.

VII

L'article 40 du projet de loi reproduit les causes de nullité indiquées à l'article 41 de la loi de 1867 et il ajoute : « sont également nuls tous actes et délibérations ayant pour objet l'augmentation du capital social effectués contrairement à l'article 32. »

Mais, conformément aux dispositions de l'article 42 du code de commerce, il est spécifié que dans aucun cas les nullités entachant la constitution ou les modifications sociales ne pourront être opposées aux tiers par les associés.

Qui sera responsable des nullités et quelle sera cette responsabilité ?

A ce propos la loi nouvelle innove et modifie assez profondément, mais très justement, la législation actuelle.

S'il s'agit d'une nullité prononcée pour violation des conditions requises lors de la constitution de la Société, la responsabilité atteindra les fondateurs, *et tous les fondateurs indistinctement*. La responsabilité sera mise en jeu par les actionnaires ou les tiers. Les tribunaux devront frapper dans l'un et l'autre cas tous les défendeurs et prononcer la solidarité entre eux. L'article 41 est à cet égard aussi impératif que possible. Le juge n'aura point à rechercher la part plus ou moins active que tel ou tel a pu prendre à la formation de l'entreprise, les fondateurs ont tous le devoir étroit de veiller à l'observation de la loi. Leur responsabilité est absolue et les tribunaux ne peuvent l'atténuer. Mais ce sera le seul cas. Désormais, dans toutes les autres hypothèses, la responsabilité sera simplement facultative. Ainsi, qu'une nullité soit commise dans des délibérations ou des actes postérieurs à la constitution, les administrateurs en fonctions lors de cette délibération ne seront pas nécessairement responsables : les juges apprécieront.

Les tribunaux rechercheront également si, d'après les circonstances à eux révélées, il y a lieu ou non de condamner les commissaires qui omettent de procéder aux vérifications prescrites par le paragraphe 2, article 16, c'est-à-dire qui, avant de laisser déclarer la Société définitivement constituée, ne se seront pas assurés de l'accomplissement de toutes les formalités requises.

Ils en useront de même à l'égard des associés dont les apports ou les avantages n'auraient pas été approuvés et vérifiés conformément aux articles 10 et 11.

En outre, et que la responsabilité soit obligatoire ou facultative, les condamnations prononcées seront toujours

limitées à l'étendue des dommages subis par les réclamants,
tiers ou associés, par l'annulation de la Société.

Un autre tempéramment très sage apporté par le texte
nouveau à la législation précédente est relatif à la durée
des actions en nullité. A cette heure elles ne se prescrivent
que par trente années. A l'avenir il faudra distinguer.
S'agit-il d'une nullité atteignant la Société au moment
même de sa constitution, il ne sera plus possible de s'en
prévaloir trois ans après le jour où la nullité a été encourue,
si, avant l'introduction de la demande, la cause de nullité
a cessé d'exister.

Quant aux causes de nullité affectant des délibérations
ou actes postérieurs, trois ans après il n'est plus possible
de s'en prévaloir, *le vice subsistât-il encore.*

On le voit, le projet voté, promulgué, ce ne sera plus
cette responsabilité *brutale,* d'une durée presque indéfinie.
On revient à un régime plus équitable. Avant de frapper,
on appréciera et, s'il y a faute, faute grave, on limitera la
réparation à l'étendue du préjudice et on en chargera ceux-
là qui sont coupables et non les autres.

VIII

EFFETS DE LA LOI NOUVELLE SUR LES SOCIÉTÉS EXISTANTES

Les Sociétés constituées lorsque la loi sera définitivement
votée resteront soumises pendant toute leur durée aux
dispositions qui les régissent. Elles pourront d'ailleurs se
convertir en Sociétés anonymes dans les termes de la loi
nouvelle en se conformant aux conditions stipulées pour la
modification de leurs statuts.

Le même bénéfice avait été accordé aux Sociétés qui
existaient lors de sa promulgation par la loi de 1867.

TITRE DEUXIÈME

Des Sociétés en commandite par actions

Les principes qui régissent les Sociétés en commandite par actions forment aujourd'hui le titre premier de la loi de 1867. Dans le projet, c'est le titre deuxième qui leur est consacré. Il est très court, une partie des règles tracées pour les Sociétés anonymes devant s'appliquer aux commandites dont le capital est divisé en actions.

Ce principe est formulé dans l'article 46 du projet. Le législateur indique que dans cette partie de son œuvre il va se borner à signaler quelques exceptions ou à formuler quelques modifications.

Le gérant (art. 47), lorsqu'il s'agit de créer la Société, est tenu de toutes les obligations imposées aux fondateurs d'une Société anonyme. Par contre, il n'est pas astreint, comme les administrateurs d'une telle Société, à la possession d'un certain nombre d'actions. Et cela va de soi puisqu'il est indéfiniment responsable ; qu'il répond des dettes sociales non seulement sur sa part dans l'actif, mais encore sur tous ses autres biens, les eût-il expressément réservés. Dans la Société en commandite, il n'y a pas d'administrateurs. L'administration est entièrement et exclusivement concentrée entre les mains du gérant. Il n'a à côté de lui qu'un conseil de surveillance composé de trois membres au moins (art. 48). Et la Société ne peut être définitivement constituée qu'à partir du moment où les membres désignés pour constituer le premier conseil ont accepté cette fonction. Rien n'est changé quant aux conditions de nomination et de durée du mandat.

Le premier conseil de surveillance a, comme les premiers administrateurs dans une Société anonyme, le devoir de rechercher si toutes les prescriptions de la loi ont été

suivies. Que si des infractions sont relevées, il faut procéder
comme il est dit à l'article 16, c'est-à-dire faire au plus
vite redresser les irrégularités.

La responsabilité des membres des conseils de surveillance restera dans l'avenir ce qu'elle est à cette heure. Ils
ne seront tenus que de leurs fautes personnelles (art. 49) ;
ils ne répondront pas des délits commis par le gérant à
moins, bien entendu, que leur complicité ne soit établie.
Quelques membres de la commission auraient voulu qu'on
allât plus loin et ils ont demandé que, conformément aux
règles du droit commun, il fût permis de poursuivre la
personne qui peut être déclarée civilement responsable des
conséquences d'un délit — dans l'espèce les membres du
conseil de surveillance, — en même temps que l'auteur de
ce délit.

Cette réclamation n'a pas été écoutée par la majorité ;
elle s'est déterminée par les raisons qui avaient déjà prévalu
lors de l'élaboration de la loi de 1867 et c'est à bon droit.

« Toute disposition qui, sans nécessité bien démontrée,
« aggrave la condition des membres du conseil de surveil-
« lance en exagérant l'effet de leur responsabilité, ne doit
« pas faire partie de la loi. Que, lorsqu'ils n'ont pas bien
« rempli leur mandat, ils soient assignés devant les
« tribunaux civils et condamnés à la réparation du pré-
« judice qu'ils ont causé par leur faute ou leur négligence ;
« cela est juste, il est même impossible qu'il en soit
« autrement. Mais faut-il que, lorsque le gérant a commis
« un délit, les membres des conseils de surveillance soient
« attirés par lui devant la juridiction répressive ? Les
« principes généraux ne conduisent pas nécessairement
« à ce résultat et la loi peut refuser d'admettre l'assimila-
« tion des membres du conseil de surveillance aux pères
« de famille, aux maîtres et aux commettants. Cela n'est
« pas non plus commandé par l'intérêt des tiers à qui
« l'action civile offre le moyen assuré de faire valoir toutes
« leurs prétentions. Il est d'autant plus désirable que les

« membres des conseils de surveillance soient mis à l'abri
« des effets de la responsabilité civile qu'elle aurait souvent
« pour eux des conséquences morales beaucoup plus
« graves que pour les parents, les maîtres, les instituteurs
« dont parle l'article 1384. Ceux-ci ne sont point exposés
« à être considérés comme complices des délits dont ils
« sont civilement responsables. La confusion pourrait au
« contraire avoir lieu à l'égard des membres des conseils
« de surveillance. »

Répétons-le d'ailleurs, le conseil de surveillance n'a qu'un pouvoir de contrôle et de vérification : il lui est interdit de s'immiscer dans la direction des affaires sociales (art. 6).

Il rend compte de ses investigations aux actionnaires et si elles lui font craindre que les intérêts sociaux soient mis en péril, le conseil peut convoquer une assemblée générale et provoquer, si tel est le sentiment des intéressés, la dissolution de la Société.

Les actionnaires ont, eux-mêmes, le droit de se renseigner directement (art. 51). Ils peuvent prendre au siège social communication du bilan, des inventaires et du rapport du conseil, et s'ils ne se trouvent pas aptes à ce travail ils sont maîtres de déléguer un fondé de pouvoirs.

Les articles qui suivent (52 et 53) énoncent les cas de nullité de la Société et déterminent les conséquences de cette nullité lorsqu'elle est prononcée. Le gérant en est, bien entendu, toujours et indéfiniment responsable. Les membres du conseil peuvent aussi être atteints, ainsi que les associés dont les apports ou avantages n'auraient pas été vérifiés et approuvés conformément aux articles 10 et 11 de la loi. Mais ce n'est là qu'une éventualité subordonnée au degré de la faute et à la participation qu'y ont eue les personnes dont nous venons de parler.

La dernière disposition (art. 54) du titre qui nous occupe est consacrée à l'énumération des précédents articles qui ne s'appliquent pas aux commandites par actions. C'est une simple énumération d'ordre qui ne provoque aucune observation.

TITRE TROISIÈME

Des Sociétés à capital variable

Le titre dont nous avons maintenant à nous occuper est la reproduction à peu près littérale des dispositions formulées par le législateur de 1867 pour les Sociétés à capital variable.

Le Gouvernement, en présentant le projet de la nouvelle loi au Sénat, avait même pensé que l'heure n'était pas venue de modifier la législation sur ce point : tout au moins, à son avis, convenait-il d'attendre les résultats d'une enquête qui était ouverte au ministère de l'intérieur sur la situation des associations ouvrières. A l'heure où le projet est venu en discussion cette enquête était close et la commission a pu connaître les déclarations auxquelles elle avait donné lieu.

Plusieurs des commissaires du Sénat auraient voulu une loi particulière, invoquant l'exemple de pays voisins, de l'Allemagne, de l'Autriche. Ils faisaient ressortir que le projet était spécial aux Sociétés par actions, que les Sociétés à capital variable ne sont pas tenues, ce qui est exact, d'adopter ce mode de constitution. Mais préparer et édicter une nouvelle loi eût demandé un temps considérable pendant lequel la situation des Sociétés dont il s'agit fut demeurée incertaine. En outre, on a fait remarquer que personne ne s'était plaint lors de l'enquête des textes jusqu'alors appliqués. C'est pourquoi la majorité de la commission a pensé qu'il convenait de maintenir l'ensemble des dispositions de la précédente législation.

Il reste bien entendu d'ailleurs qu'une Société n'est pas nécessairement par actions parce qu'elle est à *capital variable*. Le capital des Sociétés en nom collectif, en commandite, peut changer, s'augmenter ou se réduire, si telle est la volonté des contractants. Dans la pratique même, presque toutes les Sociétés en nom collectif sont à capital variable, car on stipule presque toujours que les bénéfices réalisés, ou au moins partie d'entre eux s'ajouteront annuellement et jusqu'à l'expiration du terme de la Société aux capitaux primitifs. C'est un moyen d'accroître les ressources et de développer les affaires communes.

L'article 55 consacre ce que nous venons de dire. Le capital des Sociétés peut toujours être variable. Partant qu'elles soient constituées en nom collectif, en commandite simple ou par actions, ou sous la forme anonyme; qu'elles aient un caractère commercial ou civil, elles peuvent stipuler dans leurs statuts que le capital sera susceptible d'augmentation par des versements successifs faits par les associés ou l'admission d'associés nouveaux et de diminution par la reprise totale ou partielle des apports effectués.

Les Sociétés dont les Statuts contiendront de pareilles stipulations seront soumises, indépendamment des règles qui leur sont propres suivant leur forme spéciale, aux dispositions du titre III de la nouvelle loi. L'une de ces dispositions, qui du reste n'est pas nouvelle, apporte une restriction assez grave et fort peu justifiée à la liberté qui semble concédée. C'est l'article 56 qui décide que le capital originaire d'"une Société à capital variable ne peut être porté au-delà de 200,000 francs et que les augmentations qu'il est loisible de voter annuellement ne doivent pas dépasser chacune deux cents mille francs.

Pourquoi cela ? Et si l'on admet qu'en cinq années, par exemple, il sera permis de porter le capital à un million, comment serait-il défendu de le porter à ce chiffre en une fois et dès l'origine ? En 1867 on prétendait que cette prohibition tendait à prévenir l'agiotage. Nous ne croyons pas beaucoup à l'efficacité du moyen. Au lieu de remédier au mal, on l'entretient en permettant aux manœuvres qu'on s'efforce d'atteindre de se reproduire périodiquement, annuellement,

On était même alors obligé de convenir que la limitation du capital, le maximum des mises sociales ne sont fixées par la loi que pour celles des Sociétés à capital variable qui sont constituées par actions. Faudra-t-il donner à la loi nouvelle la même interprétation ? L'article 55 ne le permet guère. Il dit formellement que toutes les Sociétés qui stipulent que leur capital sera susceptible d'augmentation ou de diminution devront, indépendamment des règles générales qui leur sont propres suivant leur forme spéciale, se conformer aux dispositions qui suivent. Or, parmi les dispositions qui suivent la première c'est l'interdiction de constituer un capital supérieur à 200,000 francs et l'impossibilité de l'augmenter de plus de 200,000 francs par an.

Il y a donc là un point qu'il est urgent de faire trancher par la Chambre, car la délibération du Sénat implique le contraire de ce que prétendent les commentateurs de la loi de 1867.

L'article 57 abaisse de 50 à 25 francs le taux des actions.

L'article 60 est une innovation utile. Il règle la situation de l'associé qui se retire ou est exclu, et vis-à-vis de la Société, et vis-à-vis des tiers.

A l'égard des tiers, il reste pendant deux ans, à partir de sa démission ou de son exclusion, tenu dans les limites où il s'est engagé, de toutes les obligations contractées à cette époque. Quant à la Société, il ne peut en provoquer la liquidation ; il a simplement droit à sa part telle qu'elle résulte du dernier bilan avant sa démission ou son exclusion dans les délais fixés par les statuts.

Enfin (art. 62), quand la Société est anonyme ou en commandite par actions, elle n'est point dissoute par la mort, la retraite, l'interdiction, la faillite ou la déconfiture de l'un des associés, elle continue de plein droit entre les autres.

TITRE QUATRIÈME

Dispositions relatives à la Publicité

Les actes de société doivent être publiés. Cette prescription était écrite dans la loi de 1867 ; elle est reproduite dans le projet avec une modification très importante, et, à notre avis, très utile en ce qui concerne les sociétés anonymes.

Désormais (article 63) la publication des actes et délibérations des sociétés, dont le capital est divisé en actions, aura lieu dans un Recueil officiel. Les tiers sauront, par suite, là où ils doivent chercher les renseignements qui leur sont nécessaires sur telle ou telle société.

La loi n'indique pas quel sera le Recueil. « Un règlement « d'administration publique ultérieurement arrêté détermi- « nera les formes et les conditions de cette publication et le « jour à partir duquel les insertions y seront obligatoires. »

Cette création n'est pas absolument une innovation : dans les pays voisins de la France des recueils semblables existent, et on a bien fait de leur emprunter une pratique qui ne permettra plus de les dissimuler dans des journaux obscurs à peine connus et fort peu lus, les renseignements les plus importants sur la situation des entreprises que le public doit connaître.

L'article 44 est également une heureuse innovation. — Il exige, lorsque la société se constitue au moyen d'une souscription publique, que le projet d'acte de société soit publié dans le même recueil dix jours au moins avant l'ouverture de la souscription. Les capitalistes seront donc à même de savoir, d'une façon très sûre et sans aucune restriction, dans quelles conditions ils s'engagent. Ils ne pourront plus prétendre avoir été trompés puisqu'ils seront libres de vérifier l'acte lui-même, d'apprécier les charges de l'entreprise, les éléments de sa vitalité.

Cette publication antérieure ne suffit pas : quand la société est définitivement constituée, il reste à remplir diverses formalités, qui ont également pour but de porter à la connaissance des tiers et cette constitution et les conditions dans lesquelles elle se produit.

Ces formalités consistent :

1° (Art. 65) dans un double dépôt au greffe du tribunal de commerce et au greffe de la Justice de Paix du siège social de certains documents ;

2° (Art. 66) dans la publication d'un extrait de l'acte constitutif et des pièces annexées dans l'un des journaux du siège social et dans le Recueil officiel.

Les mentions que doit nécessairement contenir l'extrait sont indiquées par l'article 67.

Au surplus, et à part l'insertion dans le Recueil officiel qui est nouvelle, ce sont les mêmes exigences qu'avec la loi de 1867, et, en cas d'omission dans le délai imparti qui reste d'un mois comme autrefois, c'est la même sanction, c'est-à-dire la nullité de la société.

Faisons remarquer une addition prévue et nécessaire dans l'insertion, au moins dans certains cas. Si les statuts portent que les intérêts du capital seront payés pendant la période de premier établissement, même en dehors des bénéfices, il faut le publier (art. 67).

Enfin, à l'avenir comme aujourd'hui, ce ne sont pas seulement les actes constitutifs qu'il faut déposer et publier (art. 71). Il est disposé que ces mêmes formalités s'appliquent à tous actes et délibérations ayant pour objet l'augmentation du capital social, les modifications statutaires, la continuation de la société au delà du terme fixé pour sa durée ; la dissolution avant ce terme et le mode de liquidation ; tout changement et retraite d'associé et tout changement à la raison sociale ; enfin, toutes délibérations prises dans les cas prévus par les articles 39, 46 et 57 de la loi nouvelle.

A côté de ce système d'information organisé au profit du public, la loi, dans l'article 73, a maintenu et étendu, au profit des tiers, le droit qui leur était déjà concédé de prendre communication des pièces dans les lieux où elles sont déposées. A l'avenir (art. 73), toute personne pourra se faire délivrer copie des pièces déposées aux greffes, non seulement lorsqu'il s'agira de sociétés par actions, mais pour toutes sociétés assujetties au dépôt. Par contre, l'affichage des statuts dans les bureaux de la société est supprimé ; le législateur a reconnu son inutilité. En fait, d'ailleurs, sous le régime de la loi de 1867, cette prescription a presque toujours été éludée.

Une autre innovation très sérieuse et très pratique résulte de l'article 74.

Si les papiers de la société énoncent son capital, il faudra nécessairement indiquer dans quelle proportion il a été réalisé. Enfin, sur les titres mêmes des actions, provisoires ou définitifs, il sera nécessaire d'indiquer au moins sommairement :

1° L'objet et la durée de la société ;

2° La date de l'acte constitutif, et celle de son insertion au *Journal officiel ;*

3° Le nombre d'actions et leur valeur nominale ;

4° La partie du capital social représenté par les apports en nature.

TITRE CINQUIÈME

Dispositions relatives aux obligations

La législation appliquée jusqu'ici ne s'était point encore occupée, d'une façon spéciale, des obligataires non plus que des obligations. Le titre cinquième du projet de loi est entièrement nouveau. Il s'explique par l'émission considérable de ce genre de titres et par la faveur dont le public l'a entouré.

Présentement, les obligataires sont considérés comme des prêteurs ordinaires : dans leurs rapports avec la société on leur applique les principes généraux, par exemple les articles 1905 et suivants sur le prêt à intérêt ; l'article 2093 qui détermine les droits des créanciers sur les biens de leurs débiteurs ; l'article 1166 qui accorde aux créanciers la faculté d'exercer les droits et actions de leurs débiteurs ; l'article 1167 qui leur permet d'attaquer les actes faits en fraude de leurs droits ; l'article 1188 qui déclare le débiteur déchu du bénéfice du terme, lorsque, par son fait, il a diminué les sûretés que par le contrat il avait données à son créancier.

Cependant, à divers points de vue, les obligataires diffèrent des prêteurs ordinaires. Ceux-ci sont en relations directes avec leurs débiteurs ; ils leur demandent et en obtiennent des garanties qui leur sont propres et dont ils vérifient la valeur ; ils étudient leur solvabilité présente, leurs espérances ; ils scrutent leur capacité, leur moralité leurs antécédents, toutes investigations qui ne sont pas possibles et qui ne seraient pas, au reste, réellement efficaces quand il s'agit d'un emprunt contracté à l'aide d'une émission d'obligations.

Il a donc semblé bon, dans ce cas, d'imaginer un système de nature à donner à l'obligataire une partie des sécurités qu'il trouverait s'il consentait un prêt ordinaire.

Le premier article du titre cinquième (art. 75) consacre le droit pour les sociétés d'émettre des obligations. Quelques membres de la commission auraient voulu que cette liberté ne fût pas absolue ; ils désiraient qu'on établit une proportion entre le capital actions et le capital obligations, puis qu'on déterminât une époque avant laquelle il eut été impossible d'émettre des obligations. Ils ont invoqué à l'appui de leur thèse ce qui est pratiqué par certaines lois spéciales, celles notamment qui régissent les chemins de fer et les tramways. La majorité de la commission n'a pas pensé qu'il fut possible de se ranger à cet avis ; elle a préféré maintenir le régime de la liberté.

Ce n'est pas à dire, cependant, que la liberté soit absolue. L'émission d'obligations, pour être valable, doit être faite suivant certaines règles que la loi a posées avec beaucoup de soin.

S'agit-il d'obligations remboursables par voie de tirage au sort à un taux supérieur à celui de l'émission ? Il faut :

1° Que les obligations rapportent trois pour cent d'intérêt au moins ;

2° Que toutes soient remboursables par la même somme.

Ces deux conditions doivent être observées à peine de nullité (art. 75).

L'article 76 prévoit le cas où des obligations de cette catégorie ayant été émises, la société débitrice tombe en faillite ou se met en liquidation avant l'échéance. Comment les admettra-t-on au passif ? « Elles y figureront pour une « somme totale égale au capital qu'on obtiendra, en rame- « nant à leur valeur actuelle, au taux réel de l'intérêt de « l'emprunt les annuités d'intérêts et d'amortissement qui « restent à échoir. Chaque obligation sera admise pour une « somme égale au quotient obtenu en divisant ce capital « par le nombre des obligations non encore éteintes. Toute- « fois, dans le cas où les obligations comprises dans une « même série ne sont pas émises à des conditions iden- « tiques, le taux de l'escompte des annuités à échoir est « fixé à cinq pour cent. »

Ainsi prennent fin les divergences qui se sont produites dans la jurisprudence sous le régime de la loi de 1867 ; il faut savoir gré à la commission du Sénat de son initiative. L'article 76 est son œuvre ; elle l'a ajouté au projet en s'inspirant de la loi belge du 18 mai 1873.

L'article 77 organise et détermine les formalités qui doivent précéder l'émission des obligations. Le public doit être prévenu des conditions d'existence de la société, afin de souscrire en parfaite connaissance de cause. Il faudra donc avant toutes choses publier dans le Recueil officiel un avis énonçant :

1° L'objet de la société ;

2° La date de l'acte de société et celle de la publication

au Recueil officiel, soit de l'extrait de cet acte, soit des modifications apportées aux statuts ;

3° Le montant des obligations déjà émises par la société ;

4° Le nombre et la valeur nominale des obligations à émettre ; l'intérêt à payer pour chacune d'elles, l'époque et les conditions de remboursement ;

5° Le dernier bilan, et, s'il n'en a pas encore été dressé, la situation de la société.

Ce n'est pas tout ! Dans tous les cas d'émission ou de mise en vente publique d'obligations, non ordonnée par justice, les affiches, prospectus, insertions dans les journaux, circulaires, ainsi que les bulletins de souscription ou d'achat, doivent contenir les énonciations qui font l'objet des quatre premiers numéros ci-dessus. On doit les retrouver enfin sur les titres eux-mêmes d'obligations, qu'ils soient provisoires ou définitifs.

Et dans l'avenir, les sociétés constituées antérieurement à la nouvelle loi qui viendraient à émettre des obligations, ne le pourront faire qu'à la condition de se conformer aux prescriptions qui nous occupent (art. 109).

Les obligataires ayant des intérêts distincts de ceux des actionnaires et souvent opposés, le projet s'est occupé d'assurer leur représentation et leur groupement dans un but commun.

Il est admis (art. 78) que les porteurs d'obligations pourront désormais se réunir en quelque nombre que ce soit ; ils auront le droit de nommer des mandataires chargés de les représenter tous ou quelques-uns d'entre eux seulement.

Enfin, ainsi que les actionnaires (art. 37), lorsque les obligataires groupés de la sorte représenteront pour chaque série d'obligations le vingtième du capital de la série à laquelle ils ont souscrit, ils pourront charger, à leurs frais, un ou plusieurs mandataires de les représenter en justice et de soutenir, tant en demandant qu'en défendant, toutes les actions qui peuvent les concerner comme créanciers (art. 79). — Le nombre des mandataires ne peut excéder trois. Chaque obligataire conservera, malgré cela bien entendu, le droit d'agir isolément et de formuler telles demandes qu'il lui plaira et qu'il croira de nature à sauvegarder ses intérêts particuliers.

L'une des conditions de l'émission des obligations peut être au surplus que les obligataires, aussitôt l'opération terminée, seront réunis pour procéder à la nomination des commissaires chargés de les représenter (art. 80). La convocation a lieu par les administrateurs ou gérants dans le mois qui suit l'ouverture de l'émission ou la clôture de la souscription.

Il ne peut y avoir plus de trois commissaires, comme dans l'hypothèse de l'article 79. Si la nomination n'a pas lieu ou si les commissaires nommés refusent, ils sont désignés et remplacés par une ordonnance du président du Tribunal de Commerce du siège social rendue à la requête de tout intéressé.

La durée des pouvoirs des commissaires n'est pas fixée ; ils restent en fonctions jusqu'à leur remplacement ou réélection dans une assemblée ultérieure.

Les commissaires défendent les intérêts des obligataires. Or, pour que cette protection soit efficace, ils ont besoin d'être exactement renseignés sur les affaires sociales, sans toutefois qu'ils puissent s'y immiscer.

Le meilleur moyen de les renseigner, c'est de leur fournir copie de toutes les pièces délivrées aux actionnaires ; ils ont droit aux mêmes communications que ceux-ci ; ils sont convoqués en assemblée générale et y assistent à titre d'auditeurs et de témoins. Ils peuvent ensuite avertir leurs mandants de la marche des affaires sociales, des observations auxquelles elles ont donné lieu, et ils peuvent, en parfaite connaissance de cause, proposer et faire adopter telles mesures qui semblent nécessaires pour la sauvegarde des droits des créanciers (art. 80).

Si même ils le jugent utile ils peuvent forcer les administrateurs de la société à convoquer en assemblée les obligataires, et les convocations ont lieu au compte de la société. Le nombre des convocations est au surplus limité. Les assemblées des obligataires ne peuvent être plus nombreuses que les assemblées des actionnaires (art. 81). Les convocations à ces réunions ont lieu par deux avis insérés à huit jours d'intervalle dans le Recueil officiel. Ils énoncent le lieu, la date, le but de l'assemblée, le délai extrême pour le dépôt des titres.

Le mode de délibération est réglé par l'article 85. Il faut qu'une portion du capital emprunté, le quart au moins, soit représenté. Le nombre des voix est proportionnel au nombre des obligations, dont chaque membre de l'assemblée est porteur, sans qu'aucun d'eux puisse, comme propriétaire et mandataire, émettre plus de vingt suffrages. Que si le quart du capital n'est pas représenté, on procéde comme s'il s'agissait d'actionnaires, c'est-à-dire qu'on convoque à nouveau les obligataires qui, dans cette seconde séance, délibèrent valablement, quel que soit leur nombre.

Les commissaires ont des pouvoirs spéciaux lorsque des sûretés particulières ont été affectées aux emprunts. Ce sont eux qui passent tous les actes relatifs à ces garanties (art. 82). De plus, et en tout cas (art. 83), ils surveillent l'emploi des fonds empruntés. Ils vérifient s'ils ont bien reçu la destination promise et indiquée lors du prêt. — Du reste, quand les hypothèques doivent gager une émission, la délibération prise à cet égard par les actionnaires (art. 84), devra être constatée en la forme authentique. De suite, les administrateurs requerront l'inscription éventuelle qui ne deviendra définitive que si, dans le délai de six mois, on énonce en marge le nom des commissaires nommés pour représenter les intérêts des obligataires et la date de la constitution de l'hypothèque.

TITRE SIXIÈME

Des tontines et des sociétés d'assurances

Le titre sixième est consacré aux tontines et aux sociétés d'assurances. Le projet comprenait en outre un article relatif aux sociétés civiles : il a été reporté au titre IX.

Les tontines et les sociétés d'assurances sur la vie, qu'elles soient mutuelles ou à primes ne pourront se constituer définitivement si elles n'ont préalablement obtenu l'autorisation du gouvernement. Il en est de même aujourd'hui. De plus, l'autorisation accordée, les sociétés une fois constituées seront soumises à la surveillance de l'administration.

L'autorisation préalable n'a soulevé aucune critique. Quant à la surveillance ultérieure, il n'en a pas été de même. Les sociétés en exercice ont fait observer que cette surveillance était, quant à elle, déjà organisée ; qu'il n'y avait pas lieu de revenir sur cette organisation, que leur appliquer le règlement d'administration publique qui interviendra serait porter atteinte à leurs droits et leur causer un préjudice. La commission ne s'est pas arrêtée à ces objections, et, à l'unanimité, elle a repoussé les prétentions des protestataires. « Il ne s'agit pas, a dit M. le rapporteur, « d'une question touchant au fond du droit ; il s'agit d'une « question de procédure. Le fond du droit, c'est le fait de « la surveillance ; la procédure, c'est le mode d'exercice « de cette surveillance. Or, il est de principe que les lois « de procédure régissent les faits antérieurs aussi bien que « les faits à venir. » Par suite, le règlement d'administration publique qui interviendra lorsque la loi aura été définitivement acceptée par les pouvoirs publics s'appliquera tant aux sociétés aujourd'hui existantes qu'à celles qui seront créées dans l'avenir.

L'article 89 s'occupe des sociétés d'assurances, qui ne

reposent pas sur la vie humaine, et décide qu'elles continueront à bénéficier de la liberté dont elles jouissent aujourd'hui. Elles se formeront sans autorisation et resteront soumises au décret du 22 janvier 1868.

TITRE SEPTIÈME

Des Sociétés étrangères

Comme le fait remarquer M. le rapporteur, la loi du 24 juillet 1867 ne contenait aucune disposition sur les sociétés étrangères, dont le capital est divisé en actions et qui viennent s'établir en France.

Le titre VII coupera court aux difficultés qui avaient été soulevées dans la doctrine et dans la jurisprudence, par suite du silence de la loi.

Antérieurement, la loi du 31 mai 1857 avait disposé que les sociétés belges par actions, constituées conformément aux lois de leur pays, pourraient exercer en France tous leurs droits et ester en justice, à la condition de se conformer aux lois de l'empire.

L'article 2 permettait d'appliquer, par décret, le bénéfice dont il vient d'être parlé aux sociétés de tous autres pays.

L'article 90 du projet voté par le Sénat a généralisé la loi de 1857. Désormais, toutes les sociétés étrangères par actions exerceront en France tous les droits accordés aux étrangers « lorsqu'un décret rendu dans la forme de règle- « ment d'administration publique aura, par mesure géné- « rale, permis aux sociétés de ce pays d'exercer tous leurs « droits et d'ester en justice en France ».

Mais il ne suffit pas toujours, pour que les sociétés étrangères installées en France puissent valablement agir, qu'elles soient constituées conformément aux lois de leur pays. Dans certains cas, il faut qu'elles soient en harmonie avec les lois françaises.

C'est ce que décide l'article 91, pour les tontines ou compagnies étrangères d'assurances sur la vie, mutuelles et à primes. Comme les sociétés françaises, elles sont soumises à l'autorisation préalable et à la surveillance du Gouvernement.

Les conditions d'existence de chaque société seront déterminées par le décret d'autorisation. Elles seront tenues de déposer à la Caisse des dépôts et consignations un cautionnement qui sera proportionné à l'importance des sommes encaissées et qui sera affecté, par privilège, à la garantie des opérations faites en France.

Un règlement d'administration publique doit déterminer les conditions de la surveillance, le taux et la nature du cautionnement, les conditions de son retrait, enfin le délai dans lequel les sociétés qui fonctionnent actuellement en France devront se conformer aux prescriptions de la loi.

Les sociétés étrangères, quant à l'émission ou à la négociation de leurs actions sont également astreintes aux règles qui s'appliquent aux sociétés françaises. Conséquemment, le capital ne peut être fractionné que conformément à l'article 3 ; aucune négociation ne pourra avoir lieu avant la souscription de la totalité du capital social, le versement par chaque actionnaire du quart du montant des actions par lui souscrites et la constitution définitive de la société (art. 92).

De même pour les obligations. Si elles sont remboursables au-dessus du taux de l'émission, elles ne doivent être négociées en France que si elles répondent aux conditions fixées par l'article 75 (art. 93).

Enfin, les sociétés étrangères qui établissent des succursales en France, sont soumises à toutes les conditions de publicité dont sont tenues les sociétés françaises, à défaut de quoi toutes les opérations traitées en France seront nulles sans que cette nullité puisse être opposée aux tiers par la société et sans préjudice de l'application des pénalités de l'article 99 du projet (art. 94 et 95).

Au surplus et d'une façon générale, l'article 96 dispose que toutes opérations faites illégalement en France par des sociétés étrangères sont complètement nulles à l'égard des tiers.

TITRE HUITIÈME

Dispositions pénales

Les pénalités auxquelles peuvent donner lieu les infractions à la loi de 1867, n'ont pas fait l'objet d'un titre spécial. Chaque fois qu'il énonçait la formalité ou les conditions à remplir, le législateur a édicté la sanction. Dans la loi nouvelle, au contraire, le Gouvernement et le Sénat ont spécialement consacré à l'énumération des peines qui pourront être prononcées en violation des prescriptions de la loi le titre huitième, qui va nous occuper.

Remarquons tout d'abord que le nombre des délits a été considérablement augmenté. C'est la conséquence naturelle de l'extension des prohibitions et défenses formulées par le législateur. Les peines seront aussi généralement plus graves, et, le plus souvent, la prison s'ajoutera aux condamnations pécuniaires. Sous le régime présent, les délits prévus à l'article 15 (Loi de 1867) sont les seuls qui puissent être réprimés par l'emprisonnement.

Au reste, dans toutes les hypothèses que prévoit notre titre, la peine peut être mitigée par l'application de l'article 463 du Code pénal. De plus, il convient de remarquer que si les pénalités ont été accrues, l'étendue de la responsabilité des fondateurs et des administrateurs a été notablement restreinte par l'article 41. D'autre part, le délai pendant lequel l'action en responsabilité peut utilement s'exercer a été très fort réduit (art. 43).

Ce qui ressort de ces premières constatations, c'est que si le législateur a voulu une sérieuse répression de la fraude, il a tenu aussi à ce qu'elle s'exerçât promptement pour qu'elle fût réellement efficace.

Le premier délit prévu par la loi (art. 97) se réfère aux fausses déclarations relatives à la souscription et au versement du capital social. La peine est à la fois l'amende et l'emprisonnement. Mais, et cela est important à noter, il n'y a délit, et, partant, répression possible que si la fausse déclaration a eu pour conséquence la constitution définitive de la société.

L'émission, la délivrance ou la négociation d'actions d'une société constituée contrairement aux prescriptions des articles 3, 5 et 32 de la loi est également un délit passible d'amende et d'emprisonnement (art. 98). — Les complices de ces opérations, c'est-à-dire tous ceux qui y participent, et qui, sciemment, par des avis, annonces, affiches ou tous autres moyens de publication font connaître l'existence de ces actions, sont passibles des mêmes peines que les auteurs principaux. L'article 99 prévoit plusieurs délits dont quelques-uns étaient déjà réprimés par la législation en vigueur. Les autres sont l'œuvre de la commission d'abord, du Sénat ensuite, pour rendre réellement efficaces certaines prohibitions nouvelles. Par exemple, les administrateurs, directeurs ou gérants qui, ainsi que le veut le § 3, article 7, ne font pas apposer sur les actions d'apport un timbre indiquant la nature de ces actions et la date de la constitution de la société, commettront un délit.

Le seul usage d'actions ou de coupures d'actions n'appartenant pas réellement à ceux qui s'en servent pour assister aux assemblées générales et prendre part au vote est punissable. Sous l'empire de la loi actuelle, le simple usage ne suffit pas : il faut qu'il soit prouvé qu'il a eu pour résultat de créer une majorité fictive.

L'article 14 de la loi du 24 juillet 1867 est reproduit dans l'article 100 du projet avec cette aggravation que l'amende peut être portée à 10,000 francs.

L'article 101 qui prononce à la fois une amende et un

emprisonnement de quinze jours à un an n'a pas été adopté sans protestation, notamment en ce qui concerne les opérations interdites par les statuts.

On a soutenu dans la commission que le fait par un administrateur ou directeur de traiter les affaires interdites à la société pouvait être blâmable et donner lieu à une action civile, mais il ne pouvait, disait-on, en soi et uniquement parce qu'il est prohibé, constituer un délit. Il n'y avait là qu'une simple contravention statutaire.

A un certain point de vue ce raisonnement peut être exact. Mais il est juste de remarquer qu'en droit les statuts sociaux font une véritable loi, loi relative, sans doute, mais aussi impérative pour les parties contractantes, c'est-à-dire les associés, qu'un acte émané des pouvoirs publics; que violer les statuts, faire ce qu'ils prohibent, c'est commettre, ainsi que le disait M. le rapporteur, un véritable abus de confiance et que partant il n'y avait rien d'exorbitant à atteindre une pareille infraction.

Quoiqu'il en soit, le législateur estime qu'il y a là un délit et nous ne voyons aucune raison sérieuse pour empêcher la Chambre de se rallier au système du Sénat, si rigoureux qu'il puisse paraître.

L'article 102 déclare que les administrateurs ou directeurs d'une société anonyme peuvent être, dans certains cas, frappés des peines édictées par l'article 402 du Code pénal. Il ne suit pas de là qu'ils soient comme les gérants d'une société en commandite, susceptibles d'être personnellement mis en faillite et déclarés banqueroutiers simples ou frauduleux. Mais s'ils commettent les actes qui constituent la banqueroute, ils seront frappés des peines qui atteignent le banqueroutier. « Si, — comme l'indique « M. Bozérian, — en droit strict ces administrateurs-direc- « teurs ne sont pas des commerçants parce que cette « personnalité est distincte de celle de la société, il est « juste cependant qu'ils soient traités comme tels. »

A côté des peines proprement dites qui sont édictées par

les articles 97 à 105 inclusivement, l'article 106 permet aux tribunaux, dans tous les cas où la loi prononce la peine de l'emprisonnement, d'interdire pour cinq années aux délinquants les fonctions de juge consulaire ou de membre d'une chambre consultative des arts et manufactures. « Du moment que les délinquants ont failli dans « leurs devoirs commerciaux, il importe qu'ils puissent « être atteints et frappés dans les droits publics dont ils « peuvent jouir comme commerçants. »

L'article 107, le dernier de notre texte, est relatif aux circonstances atténuantes. Elles seront applicables dans tous les cas et permettront, comme nous l'avons déjà signalé, de mitiger les rigueurs de la nouvelle législation aussi souvent que l'indulgence sera nécessaire.

TITRE NEUVIÈME

Dispositions diverses

Le dernier titre du projet est consacré à diverses prescriptions qui concernent les sociétés civiles, puis les sociétés commerciales en cours de durée au moment de la promulgation de la loi nouvelle.

Les sociétés civiles, — cela est depuis longtemps hors de conteste, — peuvent adopter les formes des sociétés commerciales, par exemple la forme anonyme et diviser leur capital en actions. Ce qui donnait lieu à des difficultés c'était de savoir si, dans le cas d'adoption de la forme anonyme, les fondateurs étaient tenus de se conformer aux règles édictées par la loi de 1867. L'article 108 met fin à toutes controverses en disposant que les sociétés civiles qui divisent leur capital en actions doivent se conformer à toutes les prescriptions de la loi nouvelle « sous les mêmes sanctions civiles ou pénales ».

Quant aux sociétés fonctionnant lorsque la loi sera

promulguée, elles seront soumises à un certain nombre de ses dispositions énumérées par l'article 109.

L'article 110 a pour objet de régler le délai de prescription des actions en nullité et en responsabilité relatives aux sociétés en cours, actions qui se trouvent actuellement soumises aux règles du droit commun. La prescription triennale édictée par l'article 43 courra du jour de la promulgation de la loi.

Enfin dans l'article 111 et dernier, le législateur indique ceux des textes relatifs à la matière des sociétés qui se trouveront désormais abrogés.

Telle est, dans ses dispositions principales, l'œuvre du Sénat présentement soumise aux délibérations de la Chambre des députés. Nous avons vu qu'en divers points elle n'était pas parfaite, qu'on n'avait pas remédié à tous les inconvénients que présente la législation en vigueur. Il serait injuste néanmoins de méconnaître les efforts qui ont été tentés. A la Chambre de modifier et de perfectionner le texte dont elle est saisie, si, ce qui serait peut-être la meilleure solution, on ne veut pas en venir encore au régime de la liberté.

A.-E. ROBERT

Avocat

www.ingramcontent.com/pod-product-compliance
Ingram Content Group UK Ltd.
Pitfield, Milton Keynes, MK11 3LW, UK
UKHW021134140726
13695UKWH00004B/1878